탄소중립 명상록

- 탄소중립, 사람중립으로부터 시작되다 -

이애숙 지음

탄소중립 명상록

발 행 2025년 11월 1일
저 자 이애숙
펴낸이 허필선

펴낸곳 행복한 북창고
출판등록 2021년 8월 3일(제2021-35호)
주 소 인천 부평구 원적로361 216동 1602호
전 화 010-3343-9667
이메일 pilsunheo@gmail.com
홈페이지 https://www.hbookhouse.com
ISBN   979-11-93231-37-1 (03810)
가 격   15,000원

* 잘못 만들어진 책은 구입하신 서점에서 교환해 드립니다.
* 본 책은 저작자의 지적 재산으로서 무단 전재와 복제를 금합니다.

서문

탄소의 문제는 사람의 마음에서 비롯된다.
지구의 공기를 마시며 살면서도,
그 숨결을 가장 더럽혀 온 것도 사람이다.

탄소중립은 기술이 아니라 의식의 전환이다.
사람이 무엇을 욕망하고,
어디로 그 욕망을 향하게 하느냐에 따라
지구의 운명은 달라진다.

나는 욕망을 줄이는 대신,
그 방향을 바꾸자고 말하고 싶다.
이익에서 공익으로
속도에서 희망으로.

탄소중립은 결국 사람중립이다.
지구와 공존하는 길을 선택할 때,
비로소 지구는 다시 숨을 고른다.

이 시집은 그 길을 여는 첫 발자국이다.
당신의 숨이 나의 숨과 닿아
우리 모두의 숨결로 이어지기를 바란다.

목차

서문 ·· 3

1부 사람의 발자국

1-1 불빛의 그림자 ·· 8
1-2 검은 발자국 ·· 10
1-3 지구의 숨 ··· 11
1-4 플라스틱 바다 ··· 13
1-5 쓰레기산의 아이들 ·· 15

2부 욕망의 얼굴

2-1 속도의 신전 ·· 20
2-2 편리의 값 ··· 22
2-3 소비의 사슬 ·· 24
2-4 바쁘다, 그래서 태운다 ··· 25
2-5 작은 욕망, 큰 그림자 ··· 27

3부 욕망의 확장

3-1 나에서 우리로 ······················· 30
3-2 불길에서 등불로 ······················· 32
3-3 숨결나눔의 이익 ······················· 34
3-4 사회적 바람 ······················· 36
3-5 지구를 위한 욕망 ······················· 37

4부 사람중립의 길

4-1 나를 비우는 나 ······················· 42
4-2 균형의 문턱 ······················· 44
4-3 숲을 닮은 사람 ······················· 46
4-4 멈춤의 지혜 ······················· 48
4-5 중립이라는 이름의 평화 ······················· 50

5부 다시 숨 쉬는 별

5-1 아이들의 지구 ······················· 54
5-2 별의 심장 ······················· 56
5-3 다시 푸른 하늘 ······················· 57
5-4 바람이 노래하는 날 ······················· 59
5-5 사람과 지구의 약속 ······················· 60

부록 ······················· 62

1부
사람의 발자국

1-1 불빛의 그림자 …………………………… 8
1-2 검은 발자국 …………………………… 10
1-3 지구의 숨 …………………………… 11
1-4 플라스틱 바다 …………………………… 13
1-5 쓰레기산의 아이들 …………………………… 15

불빛의 그림자

밤이 깊을수록 도시는 더 환해진다.
우리는 그것을 편리라 부르고,
안전이라 믿는다.
그러나 그 불빛 뒤에
그림자가 자라고 있다는 것을
나는 몰랐다.

잠들지 못하는 지구,
쉬지 못하는 하늘,
검게 그을린 별빛이
조용히 사라지고 있다는 것을
나는 몰랐다.

전기를 켜는 순간,
바람이 막히고
한 번의 클릭마다 바다가 데워진다는 것을
나는 몰랐다.

작은 불빛 하나는 내 방을 밝히지만
그 빛의 그림자가 지구의 눈을 가린다는 것을
나는 몰랐다.
.

우리가 켠 빛은
어쩌면 미래 아이들의 방을 어둠으로 잠식하는
장막이 아닐지…

검은 발자국

우리는 걸을 때마다 흔적을 남긴다.
길 위의 발자국은 곧 사라지지만,
탄소의 발자국은 지구에 오래 남는다는 것을
나는 몰랐다.

편리를 위해 달린 바퀴,
무심히 버린 쓰레기,
켜진 불빛 하나까지
모두 보이지 않는 검은 발자국이 되어
대지와 바다, 공기 위에 찍힌다는 것을
나는 몰랐다.

숲을 지키는 걸음,
강을 살리는 걸음,
다음 세대의 길을 여는 걸음이 되어야 한다는 것을
나는 몰랐다.

검은 발자국은 경고다.
그리고 동시에 다짐이다.
우리가 남긴 흔적을 되돌아보며,
새로운 길을 선택해야 한다는 것을
나는 몰랐다.

지구의 숨

지구는 오래전부터 숨을 쉬고 있었다.

숲은 들숨으로 공기를 맑히고,
바다는 날숨으로 구름을 내보냈다.

그 호흡 속에서
모든 생명은 태어나고 자라났다.
그러나 사람은 그 숨을 무겁게 만들었다.
연기와 먼지, 끝없는 욕망의 열기가
지구의 폐를 짓누르고 있음을
나는 몰랐다.

바람은 흐르지 못하고,
계절은 길을 잃어 흔들린다.
지구의 숨이 가빠질수록
사람의 숨도 짧아지고 있음을
나는 몰랐다.

지구와 사람은
같은 호흡을 나누는
하나의 몸이라는 것을
나는 몰랐다.

숲은 들숨으로 희망을 머금고,
바다는 날숨으로 미래를 건네며,
사람은 다시 지구와 함께 숨을 쉬어야 함을
나는 몰랐다.

플라스틱 바다

바다는 본래 푸른 요람이었다.

파도는 생명을 안고 춤추었고,
깊은 심장은 별빛을 품어 반짝였다.
그러나 바다는 이제 비닐을 품고,
플라스틱 조각들을 삼키며
천천히 질식하고 있다는 것을
나는 몰랐다.

물고기의 뱃속에서,
새의 날갯짓 속에서,
플라스틱은 새로운 사슬이 되어
생명을 옥죄고 있다는 것을
나는 몰랐다.

우리가 던진 편리의 조각이
결국 우리의 밥상으로 돌아와
몸과 영혼을 묶는다는 것을
나는 몰랐다.

바다는 여전히 회복을 노래한다.

파도는 상처를 씻어내고,
햇살은 다시 깊은 심장을 밝힌다.
우리가 던진 플라스틱 대신,
희망을 던지는 그날
바다는 다시 푸른 요람이 될 수 있다는 것을
나는 몰랐다.

쓰레기산의 아이들

아이들이 뛰노는 곳은
놀이터가 아니라 쓰레기산이었다는 것을
나는 몰랐다.

바람은 종이와 비닐을 휘날리고,
발밑은 깨어진 병과 녹슨 깡통으로 가득했다.

그 속에서 아이들은 웃었다.
마치 아무렇지 않은 듯,
쓰레기 더미를 장난감 삼아
햇볕을 좇아 달렸다.

깨진 병은 아이들의 발을 베고,
유독한 연기는
아이들의 폐를 잠식한다는 것을
나는 몰랐다.

편리와 소비가 쌓아 올린 산 위에서
미래는 무너져 내리고 있다는 것을
나는 몰랐다.

쓰레기산 위의 아이들은
우리에게 묻는다.
"어른들의 욕망은
무엇을 남기려 하는가."

나는 끝내 정말 몰랐다~

2부
욕망의 얼굴

2-1 속도의 신전 ·································· 20

2-2 편리의 값 ···································· 22

2-3 소비의 사슬 ·································· 24

2-4 바쁘다, 그래서 태운다 ······················ 25

2-5 작은 욕망, 큰 그림자 ························ 27

속도의 신전

사람은 멈추지 못한다.
더 빠른 길, 더 짧은 시간,
더 많은 일을 갈망하며
속도를 신앙처럼 떠받든다.

길 위에 세워진 신전은
자동차의 바퀴로,
하늘을 가르는 성소는
비행기의 날개로,
우리는 매일같이 그 제단에
연료를 바친다.

그러나 신전은
기도를 받지 않는다.
남는 것은 검은 연기와
뜨거운 대기,
그리고 지구의 거대한
가슴앓이뿐이다.

숨 쉬는 나를 봅니다
속도의 신전에서
우리는 무엇을 얻었는가.

빠름 속에 잃어버린 것은
결국 우리 자신의
숨이었다는 것을
이제 나는 알겠다.

편리의 값

우리는 편리를 사랑했다.
한 번 쓰고 버리는 컵,
단추 하나로 켜지는 불빛,
멀리 가지 않아도 되는 빠른 길.
이 모든 것을 진보라 불렀다.

그러나 편리는 값이 없지 않았다.
보이지 않는 대가가
하늘에, 바다에,
땅속 깊이 남았다.

플라스틱은
바다의 심장을 막고,
연기는
하늘의 빛을 흐리며,
전기는
숲의 뿌리를 갉아먹었다.

숨 쉬는 나를 봅니다.
나는 너무 늦게 알았다.
싸게 산 물건의 값은
아이들의 미래가 치르고 있다는 것을.

잠깐의 이익 대신
긴 호흡을 지켜내는 선택
그것이 진짜 편리의 값이라는 것을
이제 나는 알겠다.

소비의 사슬

우리는 끊임없이 소비했다.
새로운 옷, 새로운 기계, 새로운 맛.
잠시의 만족은 곧 낡음이 되고,
낡음은 다시 쓰레기로 쌓였다.

소비는 자유라 믿었지만
사실은 사슬이었다.
더 많이 갖기 위해 더 많이 태우고,
더 많이 태우기 위해 더 많이 잃었다.

그 사슬의 끝은 결국
지구의 목을 죄어 왔다.

숨 쉬는 나를 봅니다.
함께 쓰는 기쁨,
다시 고쳐 쓰는 지혜,
덜 가지면서 더 풍요로운 삶.
소비의 사슬을 풀어내는 일,

그것은 지구와 우리 모두를
다시 자유롭게 하는 일이라는 것을
이제 나는 알겠다.

바쁘다, 그래서 태운다

사람들은 늘 바빴다.
회의에 늦을까 달리고,
시간을 아끼려 불을 켜두고,
멀리 가지 않아도 되는 길을
더 빠르게 가고자 엔진을 돌렸다.

"바쁘다"는 말은 변명이 되었다.
그래서 우리는 태웠다.
연료를, 나무를, 숲을,
그리고 결국 지구의 심장을.

숨 쉬는 나를 봅니다.
걷는 발걸음 속에서 여유를 배우고,
멈춤 속에서 사색을 얻으며,
시간을 아끼는 대신
삶을 가꾸는 선택을 한다.

바쁘다, 그래서 태우는 삶에서
바쁘다, 그래서 나누는 삶으로
이 전환이야말로
지구와 함께 사는 길이라는 것을
이제 나는 알겠다.

작은 욕망, 큰 그림자

한 번 쓰고 버린 컵,
잠시 켜둔 불빛,
가까운 거리를 달린 자동차
그저 작은 욕망일 뿐이라 믿었다.
그러나 작은 욕망이 모여
큰 그림자를 만들었다.

하늘은 흐려지고,
바다는 뜨거워지고,
계절은 제 길을 잃었다.

지구가 흔들릴 만큼 거대한 짐
사실은 우리의 작은 무심에서 비롯된 것이었다.

우리의 무심을 유심으로
방향을 바꾸는 순간,
작은 욕망은 또 다른 길을 연다.

하나의 불빛이 절약이 되고,
하나의 발걸음이 숲을 살리고,
하나의 선택이 미래를 밝힌다.

작은 욕망은 큰 그림자를 남길 수도 있지만,
작은 선택은 큰 희망을 키울 수도 있다.

그림자를 남길것인가!
빛을 남길 것인가!
그 선택은 나의 오늘 이 순간에 달려 있다는 것을
이제 나는 알겠다.

3부
욕망의 확장

3-1 나에서 우리로 ················· 30
3-2 불길에서 등불로 ················· 32
3-3 숨결나눔의 이익 ················· 34
3-4 사회적 바람 ················· 36
3-5 지구를 위한 욕망 ················· 37

나에서 우리로

욕망은 줄일 수 없다.
사람은 원하고, 꿈꾸고, 바라는 존재이기 때문이다.

그러나 욕망의 방향은 바꿀 수 있다.
내 작은 이익에 갇혀 있던 마음이
너의 숨결을, 우리의 내일을 바라볼 때
욕망은 더 넓은 품을 얻게 된다.

내가 편리하기 위해 켜던 불빛이
이제는 모두의 하늘을 지키는 등불이 되고,
나만을 위한 속도가
세대를 이어 달리는 희망의 길이 된다.

탄소중립!!
나는 몰랐다
그러나 이제 알겠다

탄소중립은
절제가 아니라 확장이다.
'나'의 욕망을 넘어
'우리'의 욕망으로,
이기에서 공익으로,

전환의 순간에
지구는
다시 숨을 쉴 수 있다는 것을
나는 이제 알겠다.

불길에서 등불로

욕망은 처음에는 불길처럼 번진다.
더 많은 것,
더 빠른 것,
더 편리한 것을 향해
끝없이 타오르며 세상을 삼켜 버린다.

그러나 불길은 오래가지 못한다.
탐욕의 재만 남긴 채,
사람과 지구를 함께 태워버린다.

우리는 선택해야 한다.
불길로 세상을 태울 것인가,
등불로 세상을 밝힐 것인가.

욕망이 불길일 때
지구는 상처를 입지만,
욕망이 등불일 때
지구는 희망을 얻는다.

우리는 나는 선택해야 한다
상처를 줄 것인가!
희망을 줄 것인가!

탄소중립은
불길을 거두고
등불을 드는 일.

내가 밝힌 작은 불빛 하나가
모두의 길을 비출 수 있다는 것을
나는 이제 알겠다.

숨결나눔의 이익

사람은 혼자서는 살 수 없다.
나의 숨은 너의 숨에 이어지고,
너의 숨결은 또 다른 이의 삶을 살린다.

욕망이란
본디 개인의 울타리에 갇히기 쉽지만,
그 울타리를 넘어설 때 비로소 힘을 얻는다.

내가 들이마신 산소가
너의 가슴으로 건너가고,
네가 내쉰 숨결이
또 다른 생명을 일으킨다.

이 순환의 고리를 깨닫는 순간,
우리는 안다.

진정한 이익이란
나만의 편리와 풍요가 아니라,
숨결을 나누며 모두가 살아가는 길이라는 것을.

탄소중립은
결국 숨결나눔의 이익으로 이어진다.

내 호흡 속에
너의 내일이 살아 있기 때문이라는 것을
나는 이제 알겠다.

사회적 바람

바람은 한 사람의 것이 아니다.

들판을 스치며 숲을 흔들고,
바다를 건너 도시의 창문까지 두드린다.

욕망도 바람과 같다.
나만을 위한 바람은 잠시 시원할 뿐,
곧 뜨겁고 거친 바람이 되어
지구를 병들게 한다.

그러나 욕망의 방향을 바꾸는 순간,
바람은 다른 얼굴을 갖는다.

한 사람의 이익을 넘어
모두의 숨을 살리는 바람,
세대를 이어 불어오는 공익의 바람이 된다.

탄소중립은
그 바람을 기억하는 일.
개인의 욕망이 방향전환을 할 때
지구를 식히는 거대한 숨결이 될 때,
우리는 드디어 사회적 바람 속에 산다는 것을
나는 이제 알겠다.

지구를 위한 욕망

욕망은 늘 나를 향해 있었다.
더 많이 소유하고,
더 높이 쌓으며,
더 멀리 달리려는 갈망이었다.

그러나 욕망의 방향을 바꾸는 순간,
세상은 다른 빛으로 열린다.

나의 편리보다 숲의 숨을,
나의 속도보다 강의 노래를,
나의 욕심보다 아이들의 내일을
더 귀하게 여기는 마음이 된다.

지구를 위한 욕망은
결국 우리 모두를 위한 길이다.

탄소를 덜어내는
작은 실천이
별처럼 반짝이며,
그 별빛이 모여
세대를 잇는 희망이 된다.

나는 이제 안다.
나의 진짜 욕망은
나를 향한 것이 아니라
지구를 향하고 있음을…

4부
사람중립의 길

4-1 나를 비우는 나 ……………………………… 42
4-2 균형의 문턱 ……………………………… 44
4-3 숲을 닮은 사람 ……………………………… 46
4-4 멈춤의 지혜 ……………………………… 48
4-5 중립이라는 이름의 평화 ……………………………… 50

나를 비우는 나

나를 채우려는 순간,
세상은 좁아졌다.

더 많은 것을 움켜쥘수록
내 마음은 무거워지고,
지구의 숨은 가빠졌다.

그러나 욕망의 방향을 바꾸는 순간,
나는 비로소 비워낼 수 있었다.
버린 것이 아니라 돌려준 것이었다.

공기를, 물을, 숲을,
그리고 내 곁의 사람들을.
비우는 일은 잃는 것이 아니라
얻는 것이었다.

내가 내려놓은 만큼
지구는 숨을 고르고,
사람은 서로를 바라보며
조금 더 가까워졌다.

나는 이제 안다.

진짜 풍요는 채움에 있지 않고,
비움 속에 있다는 것을.

나를 비우는 만큼,
나는 지구와 가까워진다.

균형의 문턱

지구는 오래 전부터 경고해 왔다.

너무 기울어진 저울은
언젠가 무너질 수밖에 없다고.
사람의 욕망과 지구의 숨결은
늘 팽팽히 맞서왔다.

한쪽이 무거워질수록
다른 한쪽은 힘겹게 흔들렸다.

그러나 욕망의 방향을 바꾸는 순간,
저울은 비로소 균형을 찾기 시작한다.

갑질아닌 을질
이익아닌 손해
기꺼이 감수하며 균형을 맞춰보자.

균형은 멀리 있지 않다.
멈추어 서서 귀 기울이는 순간,
나와 지구가 함께 서 있는
문턱이 곧 균형의 자리다.

이 문턱에 닿을 때,
우리는 비로소
사람중립의 길 위에 선다.

숲을 닮은 사람

숲은 서두르지 않는다.

한 그루의 나무가 천천히 자라
다른 나무와 어깨를 맞대고,
함께 바람을 나누며 산다.

숲은 다투지 않는다.

햇빛은 나누어 쏟아지고,
뿌리는 서로 얽히며
보이지 않는 곳에서 서로를 지탱한다.

나는 이제 안다.
사람도 숲을 닮을 수 있다는 것을.

나만을 위한 성공이 아니라
함께 버티며 살아내는 뿌리,
함께 숨 쉬며
울창해지는 잎사귀가 될 때,
비로소 사람은 중립에 닿는다.

숲을 닮은 사람,

그는 지구를 해치지 않고
그 자체로 지구와 하나가 된다.

멈춤의 지혜

사람은 달리기를 멈추지 않았다.

더 빠르게,
더 멀리,
더 크게멈춤은
실패라 믿었고,
멈춤은
뒤처짐이라 여겼다.

그러나 지구는 속삭였다.
"멈추어야 보이는 길이 있다."
발걸음을 멈추는 순간,
바람의 숨결이 들리고
새의 노래가 들리며
강물의 고동이 내 심장과 겹쳐 뛴다.

멈춤은
정지가 아니었다.
멈춤으로
퇴보된다는 두려움을 직면하고
용기를 내어보자.

그리고 욕망의 방향을 바꾸어 보자,
멈춤이 나를 가두는 벽이 아니라
세상을 열어 주는 창문이 되어 줄 것이다.

나는 이제 안다.
지구가 우리에게 바라는 것은
끝없는 속도가 아니라
잠시의 멈춤 속에서 찾는 균형이라는 것을.

중립이라는 이름의 평화

중립은 무관심이 아니다.

아무 것도 하지 않는 공허가 아니라,
사람과 지구가 서로의 자리를 지켜주는
깊은 약속이다.

사람의 욕망이 기울면
지구는 고통으로 흔들리고,
지구가 무너질 때
사람의 삶 또한 함께 무너진다.

그러나 욕망의 방향을 바꾸는 순간,
중립은 가능해진다.

나의 이익과 너의 삶이 균형을 이루고,
우리의 숨과 지구의 호흡이
같은 박자로 이어진다.

중립은
침묵이 아니라 화해이고,
무력함이 아니라 힘이다.
이유 없는 멍때림이 아니라

새로운 시작의 이름이다.

사람이 중립에 닿을 때,
비로소 지구와 사람은
하나의 평화를 낳는다.

5부
다시 숨 쉬는 별

5-1 아이들의 지구 ·································· 54

5-2 별의 심장 ·· 56

5-3 다시 푸른 하늘 ································ 57

5-4 바람이 노래하는 날 ························ 59

5-5 사람과 지구의 약속 ························ 60

아이들의 지구

지구는 우리의 것이 아니다.

우리는 잠시 머물다 가는 손님일 뿐,
진짜 주인은 아직 말을 배우지 못한 아이들이다.

아이들은 공기 속에서 미래를 마시고,
흙 위에서 내일을 딛고,
바다에서 웃음을 건져 올린다.

그러나 우리가 남긴 발자국은
그들의 숨을 빼앗고,
우리가 쌓은 욕망의 탑은
그들의 하늘을 가린다.

이제 나는 알겠다.

탄소중립은
결국 아이들을 위한 약속이라는 것을.
아이들이 마음껏 숨 쉴 수 있는 공기,
두 발로 뛰놀 수 있는 숲,
노래처럼 흐르는 강을 남겨주어야 한다.

지구는 아이들의 것이다.
우리가 지켜내야 할
단 하나의 유산이다.

별의 심장

밤하늘의 별은 멀리 있지만,
그 빛은 언제나 우리 가슴 속에 닿는다.

별의 심장은 불타는 에너지이지만
그 불꽃은 파괴가 아니라
생명을 품는 온기다.

지구 또한 별의 자식이다.
우리가 내뿜는 검은 연기에 가려
숨을 고르지 못하고 있지만,
그 심장은 여전히 뛰고 있다.

사람이 욕망의 방향을 바꾸는 순간,
지구의 맥박은 다시 고르게 뛰고
별의 심장은 노래처럼 반짝인다.

탄소중립은
별에게 돌아가는 길.

우리가 지켜낸 지구는
다시 빛나는 별이 된다
그리고 나도 별이 된다.

다시 푸른 하늘

한때 하늘은 푸르렀다.

아이들이 손가락으로 별을 세고,
구름이 노래처럼 흘러가던 시절이 있었다.

그러나 우리는 하늘을 가렸다.
연기와 먼지,
끝없는 속도의 흔적들이
푸름을 잿빛으로 덮어버렸다.

하늘은 더 이상 거울이 아니었고,
지구의 한숨은 무겁게 내려앉았다.

그러나 욕망의 방향을 바꾸는 순간,
잿빛은 걷히고 빛이 돌아온다.

바람은 스스로를 씻어내며
다시 맑음을 되찾는다.

다시 푸른 하늘
그것은 단순한 풍경이 아니라
사람이 지구와 맺은 약속의 증거다.

아이들이 마음껏 숨 쉴 수 있는 하늘,
우리가 함께 올려다볼 수 있는 푸른 창공.

그날, 우리는 안다.
지구가 아직 우리와
함께 살아 있음을.

바람이 노래하는 날

바람은 늘 곁에 있었지만
우리는 오래도록 듣지 못했다.

차창 너머의 소음,
도시의 엔진과 불빛에 가려
바람의 노래는 묻혀 버렸다.

그러나 욕망의 방향을 바꾸는 순간,
바람은 다시 제 목소리를 되찾는다.

숲을 스치며 전하는 속삭임,
강 위를 건너며 부르는 합창,
아이들의 머리칼을 흔드는 맑은 웃음.
그날, 바람은 더 이상 침묵하지 않는다.

지구와 사람이 함께 이어 부르는
노래가 된다.

바람이 노래하는 날,
우리는 안다.
지구가 살아 있고
사람 또한 살아 있다는 것을.

사람과 지구의 약속

우리는 오래도록 지구의 등을 밟고 살았다.

땅을 파헤치고, 숲을 베어내고,
숨을 가득 채우던 바람마저 무겁게 만들었다.

지구는 말없이 견뎌 주었지만
그 침묵은 영원하지 않았다.

뜨거워진 바다,
흔들리는 계절,
갈라지는 대지는
우리에게 묻는다.
"이제 어떤 약속을 할 것인가."

사람이 욕망의 방향을 바꾸는 순간,
지구와 마주 앉을 수 있다.

나 하나의 이익이 아니라
우리 모두의 숨을 지키겠다는 다짐,
편리의 순간이 아니라
세대의 내일을 지켜내겠다는 맹세.

사람과 지구의 약속은
종이 위의 글자가 아니라
삶 속의 선택이다.

우리가 오늘 내딛는 발걸음 하나,
꺼두는 불빛 하나,
나누는 숨결 하나가
지구와 맺는 약속이 된다.

그리고 그 약속이 이어질 때,
지구는 다시 푸른 별로 빛나고
사람은 비로소 지구와 하나가 된다.

부록 탄소중립 실천명상

눈을 감습니다.
후~하고 숨을 내보냅니다.

내가 내쉬는 숨이
숲의 바람이 되고
내가 들이마시는 숨이
지구의 숨결임을 느껴봅니다.

오늘 내가 하나 줄이는 불빛이
별빛 하나를 살리고,

내가 하나 아끼는 물 한 컵이
강의 흐름을 지키며,

내가 하나 덜어낸 욕심이
아이들의 웃음을 지킨다는 것을 기억합니다.

나는 몰랐지만 이제 압니다.
나의 작은 선택이 지구의 미래를 바꾼다는 것을.

숨을 고르며
내가 있어 걸리는 것들을 바라봅니다.
그리고 후~ 흘려보내 줍니다.

탄소중립 생활진단지 사용설명서

이 진단지는 나의 일상을 돌아보고, 작은 행동 하나가 지구에 어떤 영향을 주는지 체감하고 실천하기 위한 도구입니다.
탄소중립은 거창한 기술이 아니라 매일의 선택에서 시작됩니다.

■ 사용 방법

아래 10문항을 읽고, 오늘 또는 이번 주의 나를 돌아보며 체크합니다. 각 항목마다

항상 실천한다 → 10점

가끔 실천한다 → 5점

아직 어렵다 → 0점

으로 표시합니다. 모든 항목의 점수를 더해 100점 만점으로 계산합니다. 마지막에 자신의 점수를 적고, 한 줄 다짐을 써 보세요.

■ 점수 해석표

점수	나의 탄소중립 상태	해석
90~100점	탄소중립 리더형	이미 생활 속 실천이 몸에 배어 있습니다. 주변과 나눠주세요.
70~89점	의식전환 실천형	잘하고 있습니다. 다음 한 가지를 꾸준히 실천해보세요.
50~69점	관심확산 시작형	방향은 맞습니다. 한두 가지를 구체화해보세요.
30~49점	성찰예비형	이제부터가 시작입니다. 일상 속 작은 변화부터 시도해보세요.
0~29점	깨우침 준비형	아직 무의식 상태이지만, 오늘의 체크가 첫걸음입니다.

탄소중립 생활 체크 점수 (   )

점수는 경쟁이 아니라 성찰의 지표입니다.
중요한 건 '어제보다 오늘 한 걸음 더 나아가는 마음'입니다.

1. 불필요한 불빛을 끄고 생활했다.(   )

2. 대중교통·걷기·자전거를 우선 이용했다.(   )

3. 일회용 컵이나 비닐봉지 대신 다회용품을 사용했다.(   )

4. 물을 절약하며 사용했다.(   )

5. 고기를 줄이고 채소·제철음식을 선택했다.(   )

6. 쓰레기를 줄이고 올바르게 분리배출했다.(   )

7. 중고·재사용 물건을 활용하거나 나눔을 실천했다.(   )

8. 종이·플라스틱 등 자원을 아껴 썼다.(   )

9. 에너지 절약(대기전력 차단, 난방·냉방 조절)을 실천했다.(   )

10. 오늘의 작은 행동이 지구의 내일을 바꾼다는 것을 기억했다.(   )

나의 실천 다짐

나는 오늘

_____ 을(를) 바꾸겠습니다.

나는 오늘

_____ 을(를) 선택하겠습니다.

나는 오늘

_____ 을(를) 비우겠습니다.

탄소중립은 환경문제가 아니라 인간의 의식성장 과정입니다.
숨을 고르고, 오늘의 나를 돌아보며
한 줄기 바람처럼 지구에 좋은 흔적을 남겨봅시다.